Unspecified Spaces
Stafelloedd Amhenodol

Iestyn Tyne

Broken Sleep Books

Contents

cyn

aileni'r lôn dan olwynion, cyn i'r haul
adael olion ei ddychwelyd, cyn chwalu'r
ysbrydion o'r landin, cyn rhedeg dŵr,
cyn llosgi'r croen â mân ddefodau'r dydd;
cyn dwyn diniweitrwydd y gwlith, cyn datod
petalau, cyn saernïo paned, cyn poeni,
cyn tywallt poteli, cyn gweddi, cyn gwaedd
a chyn deall meidroldeb pob golau newydd,
dyma ti. Dyma ti, mor noeth â dydd dy eni,
yn lledu dy lygaid trwy'r porffor dwfn,
yn agor dy ddwylo hyd gilfachau'r tŷ,
yn tyfu'n anferth yn y llonydd anorffenedig,
yn bwrw gwreiddiau i'r distiau astud

yn dechrau anghofio'r wyrth o ddeffro, yn barod.

before

the road is reborn under tyres, before the sun
leaves the marks of its returning, before ghosts
disperse from the landing, before taps are turned,
before the skin burns with the day's small devotions,
before the morning's dewy innocence is stolen, before
petals are undone, before coffee, before worry,
before bottles smash in bins, before prayers, before screams,
and before understanding the finiteness of all new light,
here you are. Here you are, bare as the day you were born,
stretching your eyes through the deep purple,
opening out your hands into the recesses of this house,
growing huge in this unfinished silence,
casting roots into the dropping eaves

beginning to forget the miracle of awakening, already.

cywilydd

i

Yn y dechreuad creodd duw yr Olew.
Dyna oedd efengyl y beibl mawr hallt
a dyna'r oedd y creadur yn ei glogyn gwlyb
efo gwymon drwy'i wallt i gyd a physgod
yn slywennu dros ei fysedd yn ei weiddi
wrth sefyll yn droednoeth yn y môr.
Pan welais i o'n parablu'r diwrnod o'r blaen
fel hen ddewin ar y graig yn trio troi'r
holl lanw mawr blin am yn ôl tua'r gorwel
doedd neb arall yno ar y lan yn gwrando;
neb ond fi yno'n gwylio a gwrando a gweld
ac yn nodi'n dawel fod y cyfan yn digwydd
a geiriau ei bregeth o fel plu gwylain celain
ar goll ar y gwynt rhwng genesis a'r môr.

seven sins

i

In the beginning god created the Oil.
That was the gospel of the big salty bible
and that's what the madman in the sodden cloak
with seaweed all through his hair and fish
slippering over his fingers was shouting
as he stood, barefooted, in the sea.
When I saw him chattering the other day
like some old wizard on the rock trying to turn
the huge, angry tide back to the horizon
there was no-one else there on the shore, listening,
no-one but me there watching and listening and seeing
and quietly taking in all that was happening,
the words of his sermon as dead seagulls' feathers
lost on the wind between genesis and the sea.

ii

Pe baet ti'n agor dy groen rywle'n y canol
a datod botymau dy gefn fesul un, a gwneud hynny
fel y mynnet – yn dyner fel plygu adenydd
neu'n frwnt nes bod dy gig di'n frau i gyd;
pe baet ti'n cloddio dan gyhyrau dy wyneb
a bodio drwy guddfannau dy rydwelïau,
dy wythiennau'n sibrwd o'u gwahanu â'r cnawd
a gwynder noeth dy esgyrn yn dy ddallu;
fe daret yn rhywle ar dy ganol mawr melyn
mor gynnes â chwpanaid o heulwen
yn nythu yng ngwaelodion dy waelod un,
a'i godi fry yng ngorfoledd y darganfod...
ond wedyn, ni fyddet ond cragen wag
a'r brain yn clegar ar lan y twll lle'r oeddet ti.

ii

If you were to open your skin somewhere near the middle
and undo the buttons of your spine one by one, and to do so
as you wished – gently as folding wings
or roughly until you were minced and bruised,
and if you were to dig under the muscles of your face
and thumb the hidden byways of your arteries,
your veins whispering when separated from the flesh
and the bare white of your bones blinding,
you would stumble somewhere across your big yellow heart
as warm as a cupful of sunshine
nestling in the depths of your very core,
and raise it high in the joy of discovery…
but then, you would be nothing but an empty shell,
crows clattering at the edge of the hole where you once were.

iii

Y mae i bob cenhedlaeth ei Medi Mawr
yn warthnod wrth ei henw yn y llyfrau trymion
ac yn waed ar femrwn croendenau hanes.
I bob cenhedlaeth mae'i chenhedlaeth goll ei hun,
a rhesi o feini gwynion yn dystion distaw
i'r wynebau dienw sy'n llygadrythu drwy'r gweryd
a'r magnelau mud sy'n barod, yn gwybod gwell
na sicrwydd gofalus eu segurdod eu hunain...
ond tewch! Pobl heddychlon ydym ni, wedi'r cyfan;
cynghreiriwn a biwrocratiwn a siaradwn siop,
cofiwn bob medel â'n capiau'n ein dwylo
a sythu'n gofgolofnau ger bron ein beiau oll
gan ddiolch rhwng deigryn a gair bach caredig
fod digon o lwch lli i lyncu holl waedu'r Coed.

iii

Each generation has its own Great Harvest
a blot by its name in the heavy books
and blood on the thin-skinned vellum of history.
Each generation has its own lost generation,
and rows of white headstones testifying without word
to the nameless faces that stare through the sward
and the silent artillery at the ready, knowing better
than the tentative certainty of its own redundancy...
but hush! We are a peaceful people, after all,
we form alliances and talk shop,
and remember each harvest with our caps in hand
and stand as memorials to all our faults,
grateful between tears and small, kindly words
that the sawdust soaks up the blood of all the Trees.

iv

O Afon ddofn, dyma'n cri – buom esgeulus.
Yn yr uchelfannau lle mae'r gwynt fel gwlân
yn sownd rhwng gwifrau pigog y bryniau;
yn y llefydd ansathredig sy'n gwegian dan draed;
rhwng creigiau a oerwyd gan filenia i'w hystumiau
ac i lawr, i lawr dros raeadr a thrwy ffos a phant.
Meddwasom ar dy lenwi; cyffroi o'th rwygo'n ddwy;
plannu'n goruchafiaeth yn ddwfn yn dy grombil.
Do, buom esgeulus; a deuwn at dy lannau heddiw
i edifaru gorfoleddu yn rhyfeddod dy boen.
Edrychwch draw, a gwelwch y gwythiennau hyn,
mor galed â'r mynyddoedd; edrychwch draw,
a gwelwch mor eiddil wyf. Rhowch i mi fy nghyffur
ac ewch ymaith o ymyl y gwely diurddas hwn.

iv

O deep River, hear our cry – for we never cared.
In the uplands where the woollen wind
snags on the barbed wire hills,
in the untrodden places that give way under foot,
between rocks cooled into position by millennia
and down, down over waterfalls, through furrows and valleys.
Intoxicated from filling you, excited from ripping you apart,
we planted our supremacy deep in your core.
No, we never cared, yet we line your banks today
to repent our glory in the wonder of your pain.
Look here, and see these veins,
as hard as the mountains; look here,
and see how frail I have become. Give me what I now crave
and go forth, go forth from this undignified bedside.

V

Heddiw, maen nhw'n eillio eu stribedyn o dir
yn gymen ac union a glaswelltog gysáct.
Yn eu sisyrnu manwl mae eu llawenydd oll;
defod holl Sadyrnau eu hoes yw hon,
y Sadyrnau bolaheulog, diog, diogel
pan fo tarmac yn berwi a chŵn yn llosgi mewn ceir.
Dyma oriau prin eu hailberchnogi,
oriau sgubo'r llwch o gyneddfau glastwraidd,
hawlio'r pridd a meistroli ei ffyrdd,
hel rhyw adeg symlach, brafiach yn ei futrwch
o'i hyd braich cyfforddus i lain las y lawnt
am awren neu ddwy ddiwedd pnawn fel hyn
cyn aildanio'r ysgeintwyr, fel bod y dŵr sanctaidd
yn ffrydio eto o grombil Eldorado.

V

Today, they shave their strip of land to
within an inch of its soil, neat as blades.
This detailed clipping holds all the joy they know,
all the Saturday rituals of their lives,
those sunburnt, safe and lazy Saturdays
when tarmac bubbles and dogs burn in locked cars.
These are the rare hours of reclaimed possession,
the hours when dust is blown from weakened instincts,
when the soil is taken back, its ways remastered,
when a simpler time, easier in its dirtiness
is ushered in from arm's length to the green square of lawn
for an hour or two of a late afternoon like this
before the sprinklers re-ignite, so the holy water
may pour again from the bowels of Eldorado.

vi

Yna, â hithau'n gwingo yn y gofod rhwng ei hasennau
a'r pared, mae o'n dod amdani eto, a'r tro yma,
morthwyl yn dynn yn ei ddwrn; ei holl fryd ar
gracio monomerau ei hesgyrn; ei thoddi'n bwll
a'i mowldio'n anffurfiad rhad ohoni hi ei hun.
Chwerthin trwy'i briwiau am ei bod hi'n ffŵl;
ffŵl am feddwl fod y bastad wedi cael y gic
yr oedd o'n chwilio amdani. Mae o'n dod amdani
fel y daeth o amdani o'r blaen i'w hanwesu hi
ryw dro mewn byd tebyg iawn i hwn, rhyw
dwll mewn ysgyfaint o fyd rhwng hwn a'r nesa
lle nad oedd anadlu'n medru para ...
yn agor ei breichiau led y pen drwy'i chleisiau,
yn derbyn ei chroeshoeliad plastig fel hen gariad.

vi

Then, as she writhes in the space between her ribcage
and the wall, he comes for her again, and this time
a hammer, clenched in his fist, intent upon
cracking the monomers of her bones, melting her
to a cheap disfigurement of herself.
She laughs through her wounds because she's a fool,
a fool for believing that bastard had gotten the kick
he was looking for. He comes for her
as he came for her before, to caress her
sometime in a world just like this one, a
pierced lung of a world between this one and the next
where breathing could never last…
opens her arms wide past her bruises,
accepts her plastic crucifixion like an old lover.

Pan dorrir y seithfed sêl, fydd neb yn sylwi'n syth;
a chlywith neb mo'r seithfed sêl yn disgyn yn ddau
na memrwn tyn y gramen yn ochneidio'n dawel.
Ni fydd neb ar y graig i roi'r gair ar goedd
â'r adar fel erioed yn heidio i rywle a nunlle
dan yr un hen staen o awyr ddi-bendraw;
ac yfory, daw'r llaeth i dincial ar y trothwy
a'r bore i gynhesu cotwm ein dillad gwely.
Un diferyn di-droi-nôl; un bluen drom;
un gronyn yn disgyn a throelli a throi yn un
â'r ehangder mawr fydd yn torri'r seithfed sêl;
un glain gloyw o ganol y miliynau estron eraill
ddaw fel bwled i ddymchwel troad y rhod,
datguddio'r cyfan, a'r ddaear yn stond a noeth.

vii

When the seventh seal is broken, no-one will realise,
or not straight away, and no-one will hear the crack
as the earth's crust sighs, parchment thin.
No-one on the rock to spread the word
and the birds as ever flocking to somewhere, nowhere
under the same endless, dirt-stained sky,
and tomorrow, milk bottles will tinkle on our doorstep
as the morning warms our cotton bedclothes.
One irretrievable droplet, one leaden feather,
one granule falling and turning and becoming at one
with the great expanse is all it will take to break the seal –
one glistening bead from amidst the millions
coming as a bullet to shatter the turning wheel,
revealing all, the earth at standstill, and bare.

wedyn

i

Y byd yn ddim a dim yn y byd
ond y mudandod yn disgyn yn denau.
Dyma'r dim-byd, gofod y bron-iawndod
sy'n mynd ac yn dod, wastad yn dawel –
y byd, coelia neu beidio, nad yw'n pydru,
nad yw'n boddi, fel y byddai.
Dyma'r wedyn, yr ar ôl, y gallai-fod
wedi-bod, lle mae'r llwch yn goflaid
a'r anialwch yn ffrwythlon a'r distawrwydd
yn feichiog. Dyma'r dychymyg byw,
y cof marw; y sŵn nad yw'n sŵn
am nad oes clust i'w glywed na pheiriant
i'w gofnodi; fel sgrech yr anifail lleiaf
yn y goedwig lydan, dywyll.

after

The world as nothing and nothing in the world
but the stillness falling thinly.
This is the nothing-at-all, the space where maybe-nearly
comes and goes, always quietly –
the world, believe it or not, where nothing rots,
where nothing drowns, as it used to.
This is the after, the subsequently, the could-have-been
almost-was, where the dust is an embrace
and the desert is fruitful and the silence
is expectant. This is the living imagination,
the dying memory, the sound that is no sound
as there is no ear to hear it nor any machine
to record it, like the scream of the smallest creature
in the wide and shadowy wood.

ii

(rhagargoel)

A phan anadlodd pethau, aethom i sefyll
yn nrysau'n tai i wrando ar lawenydd eraill,
ond ddaeth hwnnw ddim, er yr aros;
a doedd dim i'w wneud wedyn, dim i'w wneud ond
codi'n llygaid heibio i'r stryd a chymryd stoc
o'r eirch na chawsom eu dilyn, y breichiau
na chawsom amdanom, y flwyddyn
na wreiddiodd, a wywodd yn egin;
a'r ddaear glaf roddodd haf er hynny,
rhyw rith o haf â gwyrthiau bychain
yn olau melyn am ei ymylon.

Heb ynom air, heb allu, a heb ynom wella
felly y safem — ac roedd rhywbeth yn hynny
oedd yn fwy na dathlu.

ii

(a premonition)

And when things breathed again, we went and stood
in our doorways to listen to others' joy,
but it didn't come, although we waited.
And there was nothing to do then; nothing to do but
raise our eyes above the street and take stock
of the hearses we failed to follow, the arms
we couldn't have around us, the year
that failed to take root, that wilted as it sprouted,
and the sick earth that gave a summer despite it all,
some illusion of a summer lined with
tiny miracles, bright and yellow.

Without words in us, without means, and without healing,
so we stood – and there was something in that,
greater than rejoicing.

iii

Yn yr eiliad wedi'r alwad, aeth y stafell yn welw,
aeth y dodrefn yn fawr a'r ffenestri'n fach,
pellhaodd sŵn popeth ar y ddaear a'n gadael
yn llwch ein creadigaeth gyfyng, yn y lle saff
rhwng tân nwy a soffa. Yna'r ffôn yn dy law, y ffôn
yn dy law, yn disgyn o dy law, yn disgyn yn bell
at y llawr; ei weld yn disgyn heb glywed yr ergyd,
heb deimlo'r ysgwyd ym mêr dy esgyrn, heb weld
y don ar gychwyn, lond dy waelodion, yn gwthio
tua'r golau, i wynnu dy ddyrnau, i dy dynnu'n
ddarnau. Yna'r ffôn ar y llawr, yn llosgi'n ddu
ar y pren; y ffôn ar y llawr, dy lygaid yn fawr;
y ffôn ar y llawr a seirenau'n mynd heibio
a'r waedd yn dy wddf, yn dy geg, ar dy wedd.

iii

In the moment after the call, the room went pale,
the furniture got big and the windows small,
the sound of everything went off into the distance and
left us in the dust of our small creation, in the safe place
between gas fire and settee. Then the phone in your hand, the phone
in your hand, falling from your hand, falling all the way
to the floor; I saw it fall without hearing it hit,
without feeling the shudder at the core of your bones, without seeing
the wave building, filling your depths, pushing
for the light, whitening your fists, pulling you
to pieces. Then the phone on the floor, burning black
on the wood; the phone on the floor, huge as the sky,
your phone on the floor as the sirens went by
and the scream in your throat, in your mouth, in your eyes.

Ynof roedd aelwyd.Y gwreichion
yn y tân a'r tân yn y grât a'r grât
ar y garreg a'r garreg yn y tŷ
a'r tŷ ar y ddaear a'r ddaear ar
Ddim.Ynof roedd chwerthin. Llawenydd
yn yr enaid a'r enaid yn y corff a'r
corff ar y ddaear a'r ddaear ar
Ddim. A weli di'r olion?Y marciau
yn y llwch a'r llwch ar y llawr a'r
llawr ar y ddaear a'r ddaear ar
Ddim. Darllena'r marciau,
ac fe glywi di'r chwerthin. Gwranda
ar y chwerthin, ac fe deimli di wres
yr aelwyd rhwng fy mhedair wal wen, wag.

There was a home within me. Sparks
in the fire and the fire in the grate and the grate
on the hearth and the hearth in the house
and the house on earth and earth on
Nothing. There was laughter within me. Joy
in the soul and the soul in the body and the
body on earth and earth on
Nothing. Do you see these remains? Lines
in dust and the dust on the ground, the
ground being earth and the earth on
Nothing? Read the lines,
and you'll hear the laughter. Listen
to that laughter, and you'll feel the heat of a home
between these bleak and barren walls of mine.

v

Weithiau, yn erbyn fy ngwaethaf, dyfalaf
y galar ar dy ôl pe peidiet, un bore, â bod;
y bore hwnnw fel pob bore tenau arall
cyn troi atat; yr hanner ennyd ar obennydd
cyn sylweddoli fy lwc; hanner ennyd
o'r byd hyll â'i du allan am i mewn
cyn y sadio, y trefnu, y troi trwy amser
i olchi'r nos o dy lygaid â chusanau;
ond bod y bore hwnnw'n parhau i deneuo,
breuo hyd dryloywder, fy mhlicio
fel brwynen, haen ar haen hyd asgwrn,
nes fy nhreulio'n ddim. Dyfalaf sut, y bore hwnnw,
y crymaf fy nghefn yn y gwely mawr oer
i gredu, am fy mod heb dy weld, dy fod yno.

V

Sometimes, despite myself, I guess
at the grief should you, one morning, cease to be;
that morning as all other thin mornings
before turning to you; the pillowed half-moment
before realising my luck, half a moment
of the ugly world with its outsides inwards
before the steadying, the settling, the turning through time
to kiss the night away from your eyes;
except that this morning carries on getting thinner,
fades to transparency, peels me
rush-like, layer after layer, down to bone
until I am nothing. I guess how, that morning,
I keep my back turned to the bed's cold expanse
to believe, as I have not seen you, that you are there.

vi

Aeth y pnawn â ni a'n gollwng ar draeth
lle nad oedd neb, neb i wadu na chadarnhau
y buom, ein bod. A chymerais yng nghledr
fy llaw gragen wen fel asgwrn migwrn sant.

Cymerais olion dy draed a'u lapio'n dyner
dan fy nghôt, i gofio'r daith ddirybudd;
cipiais dy lais o hafnau'r clogwyni,
a cheisiais, cyn dychwelyd at y gegin faith
a'r lolfa orflodeuog, ddwyn hen wybod y môr
o'r haul a'r halen yng nghraciau'r wefus:

dwyn ffydd pererin fod ynys o'n blaenau,
y deuai ein llestr i'r lan heb ei ddarnio
gan y don, ac y caem ni, cariad, godi
ein haddoldy'n gadarn ar y graig ddu.

vi

The afternoon took us and dropped us on a beach
where there was no-one, no-one to confirm nor deny
that we had been, that we were. And in the palm of my hand
I took a shell, white as a saint's knucklebone.

I took your footprints and wrapped them gently
under my coat, to remember this unexpected trip.
I took your voice from the shattered cliffs,
and tried, before returning to the long kitchen
and the lounge of too many flowers, to steal the sea's
ancient knowing from the sun and salt in our cracked lips:

to muster a pilgrim's faith in islands that lay ahead,
that our vessel would come ashore unbroken
by the waves, and that we, my love, might build
our own sturdy temple on these blackened rocks.

nodiadau mewn gerddi

i

Tyfasom fefusen fach; y math o fefusen
y byddai rhai beirdd yn dyfalu ei fflach o goch
fel fflam rhyngom; y cyd-ddyheu ffrwythlon,
y sudd; y melystra dwfn a'i allu i dwchu
a thrymhau yr hyn a rannem, y gobeithion
a gadwem fel yr hadau sych ym mlychau'r sied.

Tywalltwyd ei gwaed yn ein cornel hesb, anhysbys
o ardd, y blys am ei chnawd yn gorchfygu'r
angen am ddŵr oer i'w glanhau, am gyllell i'w hollti,
am hufen i gario'i blas. Ystyriais hwnnw,
y cyntaf un i blannu gwraidd â'i ddwylaw ei hun,
ac i gynaeafu ffrwyth, a'i fwynhau, meddwl
am ba hyd y bu yno'n sefyll a'i ddwylo'n diferu
cyn addo mynd yfory i dorri coed, a chodi ffens.

notes in gardens

i

We grew a tiny strawberry, the kind of strawberry
that some poets might guess its flash of red
as a flame between us: the fruitful longing,
the juice, rich and sweet with its ability to thicken
and give weight to what we shared, the hopes
we stored with drying seeds in boxes in the shed.

We spilt its blood in our forlorn, anonymous corner
of garden, the lust for its flesh bypassing the need
for cold water to wash, for a knife to cut,
for cream to carry the flavour. I considered the person
who unknowingly became the first to plant a root
with their own two hands, to harvest fruit, and wondered
how long they stood there, sticky-handed,
before promising to go tomorrow to cut wood and build a fence.

Gosodwyd mwy dan y cadach na chedor a chorff;
llawer mwy dan yr ywen nag arch a chnawd
yn angladd Gwerful, cyn rhawio'r pridd yn solet
yn ei ôl dros gilfachau'r wyneb nes llenwi'r llwnc.
Ni roed maen; miniogwyd ac ameniwyd
y penderfyniad – doethach i'r gweiriach dyfu'n wyllt,
i'r mwydod gael llonydd i dreulio pob gair o'i phenglog
yn fawn; i amser blannu drain a phethau eraill sy'n tagu.
Peidiodd y llif o flodau; brysiodd y gweinidog ymaith
â'r dorf wrth ei sodlau – caed penillion pwrpasol
yn y papur lleol a theyrngedau cryno i'w rhinweddau
fel gwraig. Drannoeth drachefn, bu rhywun arall farw:
dyn, a digon yn waddol i godi colofn o farmor.
Felly y ciliodd Gwerful, nes nad oedd cof ar ôl i'w amau.

ii

More was placed under the cloth than quim and corpse;
far more under the yews than coffin and flesh
at Gwerful's burial, before the soil was spaded solidly
back over the face's crevices until the gullet was filled.
No stone was placed where she lay – a decision
seconded and amen'd – wiser for the grasses to grow wild,
leave the worms in peace to recompose every word in her skull
as peat; for time to plant brambles and other things that choke.
The flow of flowers dwindled; the minister hurried forth,
the crowd at his heels – there were verses printed
in the local papers along with brief tributes to her qualities
as a wife. The next day, someone else died,
and he had enough left behind to raise a column of marble.
Thus, Gwerful fell silent, until there was no memory left to be doubted.

Gwerful Mechain (fl. 1460-1502) was a medieval poet, known for religious and erotic poetry, and for partaking in ymrysonau. Until the late twentieth century, her work was often either ignored or attributed to male poets.

iii

Heddiw, rydw i'n ystyried gwasgaru hadau
yn y pridd wrth fy nrws; heddiw, rydw i'n
meddwl am Goronwy'n cloi ei ddrws yntau
yn Llanfair Mathafarn ac, am wn i,
mae'r llwyni rhosod wrth y trothwy yn eu blodau
ar y diwrnod hwnnw, gannoedd o hafau'n
rhy gynnar i mi dystio mai gaeaf oedd hi
wedi'r cwbl, a'r ardd yn llwyd-ddilladog.

Wedyn, rydw i'n meddwl am gywyddwyr
yn garddio, am flodeugerddi; yn meddwl
mor frwnt y gall y weithred o blannu fod
os nad yw'r dwylo'n dyner, os nad yw'r diben
yn anrhydeddus; ac yn holi am werth desg
o gollen Ffrengig dda. Caiff yr hadau aros.

iii

Today, I am considering scattering seeds
in the soil at my door; today, I am
thinking of Goronwy locking his door
in Llanfair Mathafarn, and, I suppose,
the rose bushes by the window are flowering
on that day, hundreds of summers
too early for me to realise that it was winter
after all, and the garden clothed in grey.

Then, I think of composers of cywyddau
gardening, of anthologies as flower gardens; I think of
how violent the action of planting can be
if the hands are not tender, if the intent
is not honourable; and ask for the value of a desk
of the best walnut wood. The seeds can wait.

Goronwy Owen (1723-1769) wrote famously of
his longing for Wales. He also owned a tobacco
and cotton plantation in Virginia, and left four
enslaved people in his will, valued, along with items
of furniture. 'Blodeugerdd', the Cymraeg word
for anthology, translates literally as a bunch of the
flowers of verse.

iv

Pan fo dyn yn ymadael – rhywbeth yn agosáu
sy'n fwy dychrynllyd na'r ysfa i gynnal gwreiddiau
a'r môr neu'r mynydd yn ymestyn am y llall –
yr hyn a blannodd yw'r peth cyntaf i fynd yn wyllt.
Cyn ymlusgo'r llaid, cyn y llwydo, cyn yr haenau
ddaw i orwedd dros yr hyn sy'n tystio i banig
ei ddefosiynau olaf, dibwys; coesyn hir ar grwydr
trwy'r ffiniau anwel a ddyluniodd i fod yn hardd.

Yn yr ardd goffa sydd wedi anghofio'r rheswm am
ei bodolaeth dwt a'i blodau tymhorol, dychmygaf
y gwingo araf dan y wyneb, y ffrwydro
trwy groen ei gwelyau – y nadreddu,
yr ymledu, y gorfoledd o droi yn chwyn
a gadael i bopeth fynd.

iv

When men leave – something nearing,
more terrible than the urge to stay rooted
as the sea or the hills reach for one another –
the return to wilderness begins with the plants.
Before the oozing mire, before the mold, before the layers
that come to rest over the evidence of their last
futile and panicked devotions, a long stem wanders
past the invisible boundaries designed with beauty in mind.

In the memorial garden that has forgotten the reason for
its neat existence and seasonal flowers, I imagine
the slow unrest near the surface, the beds
bursting their banks, a snaking,
a spreading: the jubilation of becoming a weed
and letting everything go.

am wn i

i

Yr oll yr ydw i'n ceisio ei ddweud, am wn i,
yw bod bywyd yn fyr, ond bod amser yn hir.

Weithiau, rwyt ti wedi troi dy ben cyn gweld
y wên sy'n tanio o'th herwydd; wedi codi
a gadael y stafell cyn teimlo'r gwres yn dy daro;
wedi cipio dy gôt o'r bachyn erbyn i eiriau
aeddfedu ar wefusau; rwyt ti ar gefnffyrdd
dy feddyliau cyn i'r rhai sydd ar ôl glywed clep
y drws.Weithiau, rwyt ti adra'n hwylio'r bwrdd,
yn hanner gwrando ar y radio, yn anghofio troi'r
clociau, yn meddwl am angladdau, yn gwylio
pobl heb wynebau yn mynd heibio, heibio o hyd;

weithiau, mae dy holl ddyddiau brau yn dirwyn
i ben yn yr ennyd y daw rhywun i nabod dy enw.

I suppose

i

All I'm trying to say, I suppose,
is that life is short, but that time is long.

Sometimes, you'll have turned your head before seeing
the smile you ignited, you'll have got up and
left the room before feeling the warmth hit you,
grabbed your coat from the hanger by the time words
form on lips; you're out on the back lanes
of your thoughts by the time those left behind hear the
slam of the door. Sometimes, you're at home, laying the table,
half listening to the radio, forgetting to turn
the clocks, thinking of funerals, watching
people without faces going by, going by, going by;

sometimes, all your fragile days draw to a close
in the moment someone wraps their tongue around your name.

Dros y Sul, er i mi addo na fyddwn i ddim,
y bobl a dynnais i fy mhen oeddynt:

Un o brifeirdd ddoe, heddiw'n hen ddyn blin
sy'n bodio'r we a bytheirio (mewn cynghanedd),
yn dal haf a anghofiwyd ym mhafiliwn Awst ei galon;
yn cydio yn anfarwoldeb undydd ei eiriau iau ei hun.

Ysgolhaig nad yw, er ei ddysg a'i ddawn,
am gredu mai gwisg o esgyrn sydd am Gymru hithau;
nad ir a gwyryf y tiroedd hyn, ond boliog o waed,
diferog o gymhlethdodau cydwybod a chof.

A rhywun, neu neb, nad wyf yn ei nabod,
nad yw'n bod, hyd y gwn, ond fel rhif a rhith
yn ein gofod anwadal – yr ystafell fregus-ddiogel
lle taenwn ein cyrff yn denau ar y pared Gwyn.

ii

Over the weekend, though I promised I wouldn't,
the trouble I brought upon myself was as follows:

One of yesterday's chaired bards, today an angry old man
scrolling his feed and yelling (in cynghanedd),
holding a folded summer in the August pavilion of his heart;
grasping at the onetime immortality of his own, younger, words.

A scholar who cannot believe, despite all learning,
that Wales too wears a shift of bones;
that this land is no verdant paradise, but swollen with blood,
dripping with the complexities of conscience and memory.

And someone, or no-one, of whom I know nothing,
who does not exist, as far as I know, but as a numbered illusion
in our uncertain space – this safe and fragile room
where we spread our bodies thinly on the bright, white walls.

iii

Os gweli di'n cysgodion ni yn y ffenest ryw dro
wrth gau'r llenni: dau ysbryd ar ffo drwy'r pared
pan fyddi'n noswylio… os gweli ddau sydd heb
anghofio'r fraint o nabod ei gilydd yn well na neb
mewn rhyw ddrych yn dadbacio'u tipyn llyfrau,
eu llwyau te a'u llieniau, ac yn dodrefnu'r galon
â geriach ail-law, rhyw obaith wneith-y-tro,
selotêp, a llai o synnwyr na chusanau

dwêd wrthyn nhw, cyn i heddiw fynd o'u gafael
mai heddiw yn unig sydd, ac yna dim;
nad yw anfarwoldeb yn fwy na chysyniad, na gair;
anadlu a chenhedlu yw'r oll all droi'r plisgynnau hyn
yn rhywbeth fel aelwydydd am amrantiad
cyn eu hoeri'n llwyr. Cyn i amser ein lladd.

iii

If you see our shadows in the window sometime
as you close the curtains: two ghosts fleeing through the wall
as you come up to bed... if you see two who haven't
forgotten the privilege of knowing one another better than anyone
in some mirror unpacking their few books,
their teaspoons and towels, and furnishing the heart
with second hand junk, an it'll-do kind of hope,
Sellotape and less sense than kisses

tell them, before today is tugged away
that there is only today, and then nothing,
that immortality is no more than a concept, a word:
breathing and fucking may be all that can turn these husks
into something like homes for a blinking
before the cold. Before time destroys us.

iv

Dysgais yn y pen draw fod y weddi'n cychwyn
cyn penlinio ar lechfeini'r llawr, ymhell cyn
cipio'r gwynt gan gadernid derw a phridd,
a chyn dodi'r bysedd ar fwlyn oer y drws;
na ddaw'r weddi chwaith o gyrraedd mynwent
a sibrwd ei henwau'n baderau bychain,
nac o arafgamu hyd ymylon y mur, a gweld yn agos
feinwe'r cen yn blodeuo yn y mortar mud.

Led cae a chors o'r allor, daeth gwyddau duon
yn un haid glegarog o'r gogledd, a glanio
ar wyneb y dŵr, y dŵr yn ddeng miliwn
o geiniogau arian a'r brwyn yn wargrwm;
yr eglwys fach yn cyrcydu'n solet ar ael o dir
a'r llwybr ati'n wastad ac eglur dan yr awyr fawr.

Llanfaglan

iv

I learnt in the end that prayer begins
before kneeling on the flagstones, far before
the power of oak and earth takes your breath away,
and before placing fingers on the ice-cold latch;
and that no prayer arrives as you too arrive at a cemetery
and whisper its departed names as tiny incantations,
nor from slowly pacing the walls, seeing closely
a web of lichen flowering in the mute mortar.

A field and a marsh's width from the altar, brent geese
swooped, a cackling gaggle from the north, and landed
on the water's surface, the water ten million
silver coins and the rushes round-shouldered as old men.
The tiny church crouched solidly on a brow of land
and the path to its door was even and clear under the wide, open sky.

Llanfaglan

V

Rhowch y llestri gorau ar y bwrdd cyn mynd
a gadael y tân i farw ohono'i hun; a pheidiwch,
da chi, â thrafferthu sgubo'r llawr na sgwrio
carreg y drws; rhowch i mi olion eich traed
a'ch llwch a'r corneli cudd a lyfnwyd gan eich bysedd.
Ewch ymaith – does dim angen i chi gloi'r ffenestri
chwaith; gadewch y drws i glepian yn y gwynt.
Peidiwch â throi pan groeswch drothwy'r grib.

Os deuwch yn ôl y ffordd hon, na phryderwch
o weld bysedd yr eiddew lle bu fy llygaid,
na sgrech o lwydni ar sidan y croen,
na'r mwsog yn codi i'm derbyn, na'r rhedyn;
pan fyddaf yn hen, gadewch i mi furdduno'n barchus
yn y man lle safaf, am y terfyn â'r mynydd, a dim.

V

Put the best china on the table before you leave
and let the fire die down of itself, and please,
don't bother with sweeping the floor or scrubbing
the doorstep; leave me your footprints
and your dust and the hidden corners smoothed by your fingers.
Go forth – there is no need for you to lock the windows
either, and leave the door to clatter in the wind.
Don't glance back as you cross the ridge and disappear.

If you come back this way sometime, do not worry
when you see the ivy's fingers where my eyes once were,
nor the screech of mould on the silk of my skin,
nor the moss arising to take me, nor the bracken;
when I am old, let me become respectably ruined
where I stand, boundaried by the mountain, and nothing.

stafelloedd amhenodol

Yr hyn sy'n aros o hyd yw'r aros, y bobl na chofiaf
eu hwynebau – dim ond eu tymer a'u hystum;
eu haflonyddu a'u llonyddu drachefn, eu siffrwd
a'u mân siarad, eu beiros gwag a'u hembaras.

Pobl fel chdi a fi, yn hanner-byw mewn gofodau
diduedd o olau, a'r dyddiau'n eu gwelwi;
pobl sy'n disgwyl am i rywun alw'u henwau
heb wylio'r waliau rhag eu gweld yn dynesu

heb wylio'r waliau rhag ofn nad ydynt yno,
rhag i'r muriau cadarn droi'n llenni o'n cwmpas,
rhag i'r gwynt ddod ar garlam i rwygo'r ffabrig
a'n gadael yn noeth mewn anadliad lle bu stafell

lle bu syniad am neuadd o gorneli perffaith
i gael trefn ar ein sypiau esgyrn ac eistedd i aros.

rooms: unspecified

What always remains for me is the waiting itself, the people
whose faces I never remember – only their temper and poise,
their fidgeting and settling, their shufflings
and mutterings, their empty biros and embarrassment.

People like you and I, half-living their lives in impartially
lighted spaces, getting paler with each day,
people waiting for someone to call their names
not watching the walls lest they should come closer

not watching the walls lest they should not be there,
lest the stones should become curtains around us,
lest the wind should gallop through, ripping the fabric
leaving us naked in a breath that was once a room

where once was an idea for a hall of perfect corners
to arrange our bundles of bones and sit to wait.

Diolchiadau / Acknowledgements

Rwyf yn ddyledus ac yn ddiolchgar iawn i Aaron Kent o Broken Sleep Books am ei frwdfrydedd a'i weledigaeth.

Diolch i gyd-awduron, cydweithwyr, a ffrindiau agos yn anad dim: Grug Muse, Llŷr Titus, Esyllt Angharad Lewis, Morgan Owen, Hanan Issa a Darren Chetty.

Yn ystod cyfnod ysgrifennu a chyfieithu'r cerddi hyn, rhaid nodi y cefais hefyd fy nylanwadu'n fawr gan sonedau E. Prosser Rhys, T. H. Parry-Williams, R. Williams Parry, Wanda Coleman, Terrance Hayes ac Ada Limón.

Sophie a Nansi: chi sy'n troi'r stafell amhenodol hon yn gartref.

***

I am indebted and grateful to Aaron Kent at Broken Sleep Books for his enthusiasm and vision.

Thank you to my fellow writers, collaborators, and close friends above all: Grug Muse, Llŷr Titus, Esyllt Angharad Lewis, Morgan Owen, Hanan Issa and Darren Chetty.

During the time of writing and translating these poems, it must be noted that I was also particularly influenced by the sonnets of E. Prosser Rhys, T. H. Parry-Williams, R. Williams Parry, Wanda Coleman, Terrance Hayes and Ada Limón.

Sophie and Nansi: you make this unspecified space my home.

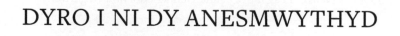

DYRO I NI DY ANESMWYTHYD